LE COMTE DECAZES-DELISLE

(JOSEPH-LÉONARD)

ANCIEN PRÉFET, ANCIEN DÉPUTÉ.

—

1783-1868

PAR

ANACHARSIS COMBES.

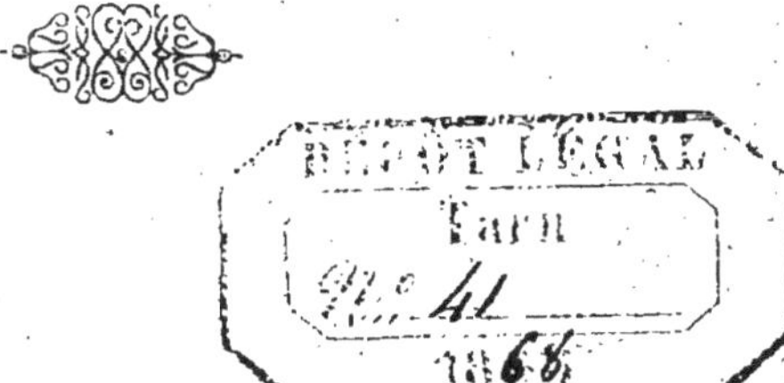

CASTRES

Imprimerie de veuve Grillon, A. Terrisse et I. Fabre.

—

1868

LE COMTE DECAZES-DELISLE

(JOSEPH-LÉONARD)

ANCIEN PRÉFET, ANCIEN DÉPUTÉ.

—

1783-1868

PAR

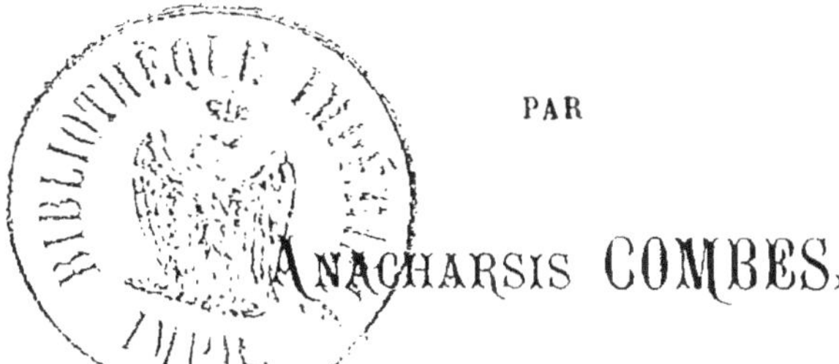

Anacharsis COMBES.

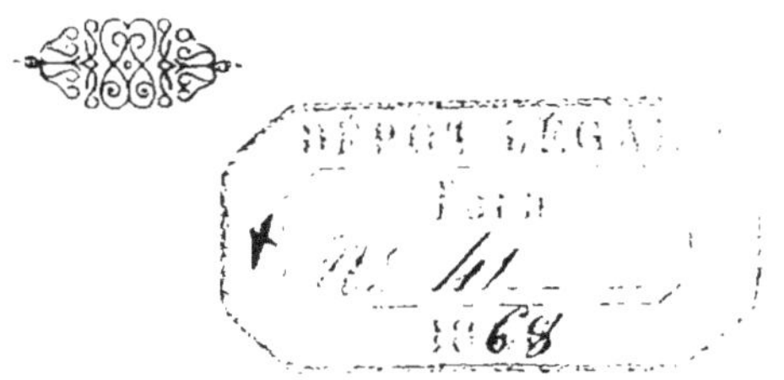

CASTRES

Imprimerie de veuve Grillon, A. Terrisse et I. Fabre.

—

1868

LE COMTE DECAZES-DELISLE

(JOSEPH-LÉONARD)

ANCIEN PRÉFET, ANCIEN DÉPUTÉ.

NOTICE HISTORIQUE

1783—1868

I

L'histoire contemporaine ferait un grand pas, suivant sa mission de lier le passé à l'avenir, si dans chaque circonscription territoriale d'une certaine étendue, on cherchait à la personnifier au moyen de ses hommes les plus moraux, les plus éclairés, les plus utiles. Représentant chacun, à des degrés différents, un fait de civilisation plus ou moins localisé, mais se mouvant toujours dans la sphère du progrès général, ces hommes devraient être étudiés, pendant leur passage sur la terre, afin d'acquérir et de conserver à leur mémoire la vénération et la reconnaissance qu'ils méritent. Lors donc qu'on voit disparaître, entraîné par les lois naturelles de la vieillesse et de la mort, un homme public dont l'existence fut à la fois honorable pour lui et salutaire pour son pays, il importe de s'arrêter un instant devant lui, avec l'intention de demander comment, dans des positions diverses, les circonstances ont pu imprimer à sa carrière un caractère particulier de sages leçons et de bons exemples. Il faut surtout s'aider de la puissance de la vérité, tant qu'elle n'a pas été altérée encore par le temps ou par l'indifférence, afin de constater le plus grand nombre des faits de détail, propres à rehausser la valeur d'une individualité saillante, de manière à la rendre de plus en plus recommandable, aux yeux de ses concitoyens d'abord, plus tard à ceux de la postérité.

C'est dans un pareil ordre d'idées qu'agissait depuis longtemps l'auteur de ces lignes, lorsque la nouvelle de la mort de M. le comte Decazes-Delisle est venue lui donner l'occasion d'y ajouter un dernier commentaire. Aussi, pendant qu'une famille considérable par ses services et par ses vertus perdait un de ses membres les plus chers ; tandis que la ville d'Albi accompagnait à leur dernière demeure les restes d'un enfant d'adoption, d'un citoyen dévoué, d'un bienfaiteur à toute épreuve ; alors que le département du Tarn, inspiré par le souvenir de celui qui, après l'avoir dirigé quinze ans de la manière la plus remarquable, s'était consacré pendant une période de temps plus longue encore à servir ses intérêts, soit au sein des Chambres législatives, soit dans ses Conseils administratifs, se réservait sans doute le droit et le moyen d'exprimer plus tard un témoignage de reconnaissance patriotique, cet auteur prenait la résolution de ne pas laisser exclusivement à d'autres le soin de consigner par écrit l'histoire d'une vie si longue, mais si bien remplie. Ce projet, il l'exécute en ce moment, sous l'influence du sentiment pour ainsi dire filial, qui le rattachait à M. le comte Decazes par les relations d'une bienveillance paternelle du fait de ce dernier pendant plus de quarante ans.

II

Joseph-Léonard Decazes, dit Delisle, d'un nom de lieu, naquit à Libourne le 4 juin 1783. Sa famille appartenait à la magistrature de l'époque ; elle tenait de plus à cette noblesse locale par laquelle les Rois de France cherchaient à reconnaître de grands mérites ou de grands services personnels plutôt qu'à sanctionner un privilége de naissance. Un des ancêtres de la maison Decazes, avait été anobli par Henri IV, comme la chose se trouve rappelée dans l'ordonnance du roi Louis XVIII, conférant à M. Elie Decazes le titre de Comte, qui devait être remplacé plus tard par celui de Duc.

Avant la Révolution, le chef de cette famille, homme riche et influent, instruit et respecté, exerçait les fonctions de lieutenant au Présidial de Libourne. Son instruction plus que suffisante lui avait inspiré de bonne heure le devoir de soigner particulièrement celle de ses enfants. Il s'en occupait avec persistance lorsque la Révolution éclata, ne laissant bientôt plus autour de lui que des éléments d'enseignement primaire, amoindris tous les jours par l'influence des évènements publics. Il dut alors chercher ailleurs de nouvelles ressources. Il les trouva dans un de ces colléges que la suppression des anciennes corporations avait fortement ébranlés, mais dont quelques-uns résistaient encore, soutenus par leur vieille réputation, par des plans d'étude plus progressifs que ceux de l'Université, par leur rigoureuse discipline, mais surtout par le dévouement de quelques hommes d'élite, d'une expérience acquise, d'un savoir éprouvé, auxquels se rattache le nom de Juilly, de Pont-le-Voy, de Tournon, de Sorèze et de Vendôme.

C'est ce dernier établissement que l'ancien lieutenant au Présidial de Libourne, choisit pour l'éducation secondaire des deux aînés de ses enfants. Là, sans autre secours que celui de leurs propres dispositions, livrés complètement à eux-mêmes, ne profitant en rien de ces vacances annuelles que l'éloignement des lieux et la difficulté des voyages leur interdisaient, se servant mutuellement de répétiteurs, s'encourageant par leurs seuls progrès, ils parvinrent l'un et l'autre, après huit ans d'études non interrompues un seul instant, à se faire admettre, avec une grande distinction, dans les Facultés ou les Ecoles spéciales nouvellement ouvertes ou rétablies.

Joseph-Léonard Decazes, se présenta aux examens pour l'Ecole Polytechnique; il y fut reçu le **11** frimaire an xi, soit le **22** novembre **1802**, mais par suite de maladie, il ne put prendre sa position d'élève admis qu'en **1803**.

Se présentant à l'examen, sans avoir eu de maitres

particuliers, sans avoir étudié d'autre livre que l'*Encyclopédie*, il étonna Monge par l'étendue et la solidité d'un savoir peu ordinaire. Celui-ci l'adressa, avec une pressante recommandation, au mathématicien Renaud, dont le jeune Decazes devint bientôt le collaborateur et l'ami. Le chapitre des proportions, dans l'ouvrage classique de cet auteur, lui appartient en entier. Le premier, il en avait découvert la théorie. Il n'est donc pas étonnant de le voir choisi pour suppléer Renaud, dans sa chaire à l'Ecole Polytechnique, et nommé examinateur de fin d'année pour la Chimie avec Guyton-Morveau.

Quelques mois auparavant, à l'occasion du couronnement, en plein Champ-de-Mars, il avait dû à sa position déjà distinguée, l'honneur de recevoir l'insigne surmonté d'un aigle, que l'Empereur accordait au bataillon des élèves, et de le tenir le premier avec le grade spécial de porte-drapeau.

Le 22 novembre 1805, l'élève Decazes figurait avec le second numéro, dans la promotion des vingt-trois sujets accordés aux Ponts-et-chaussées.

A sa sortie de l'école, il reçut plusieurs missions importantes. Ainsi, il coopéra à la confection des deux ponts de Roane (Loire) et d'Iéna (Paris). La route de Roane à Lyon fut tracée et commencée par lui. De là il passa dans l'arrondissement de Libourne ; il y fut chargé d'effectuer, pour la grande armée, le passage de l'Isle et de la Dordogne, et cela après qu'il eut découvert et mis en exploitation des carrières de grès, qui seules pouvaient donner à ces deux grands travaux la solidité nécessaire.

Presqu'aussitôt, M. Decazes partit à l'effet d'aller continuer ses services publics au canal de Maestreack en Hollande; là il allait retrouver son frère aîné, secrétaire des commandements du roi Louis Bonaparte; là aussi venaient d'être ordonnés d'immenses travaux de défense ou de dessèchement. Le nouvel ingénieur ne faillit pas à sa tâche; il s'y livra avec entraînement, avec persistance, avec succès, mais bientôt aussi avec la conviction que sa nature intellectuelle pouvait et devait s'appliquer à un objet plus large, plus vital, plus difficultueux, plus important qu'à l'art de faire creuser des fossés, planter des pieux et échaffauder des fascines.

Ses supérieurs dans l'ordre administratif sentirent cela comme lui. En 1810 ils le firent nommer auditeur au Conseil d'Etat. Dans cette fonction, spécialisée par le service de la Hollande, il se forma vite et bien à l'habitude des affaires; il y acquit la faculté d'accomplir beaucoup de travail en peu de temps. C'est en effet ce que demandait l'Empereur à ce personnel d'un nombre très-restreint, mais capable, agissant sur cent trente-trois départements, administrés avec un tiers moins d'employés de tout grade que les quatre-vingt-neuf départements d'aujourd'hui. L'école du Conseil d'Etat, pendant les dernières années du premier Empire, n'accordait rien à la négligence, aux attermoiements, au talent d'enterrer les questions par des délais. De près ou de loin, ceux qui en approchaient emportaient avec eux quelque peu de cette fiévreuse activité de la France impériale à l'apogée de sa gloire ou aux premiers jours de son affaiblissement. Aussi peut-on dire que les hommes qui se formèrent alors dans les hauts rangs de l'administration, devaient s'imposer plus tard au choix des gouvernements successifs par un mérite personnel, un concours nécessaire, des précédents reconnus, et lutter ainsi avec avantage contre la concurrence des protégés ou des intrigants.

Protégé par sa valeur personnelle, par l'attachement d'un frère qui était plus à même qu'un autre de l'apprécier, pouvant invoquer déjà d'honorables services, M. Decazes fut nommé sous-préfet de Lavaur lors de la Restauration de 1814. Evidemment ce n'était pas une faveur ; aussi Louis XVIII voulut-il se rectifier pour ainsi dire, en nommant le nouvel administrateur sous-préfet de Castres, avant qu'il eût pris possession du premier de ces postes.

Dans le second, M. Decazes se fit connaître sous les rapports les plus flatteurs. Ses études en administration y furent bientôt appréciées; lui-même s'empressa de reconnaître tout ce qu'il y avait d'avenir heureux pour l'administrateur et pour les administrés de cet arrondissement d'une si charmante situation matérielle, de richesses si sûres, d'une production si variée, et *où n'existait pas alors la moindre trace de partis politiques.*

Aussi c'est là qu'il inaugura une ère de paix et de

conciliation que nos pères ont bien souvent invoquée depuis, en rappelant la magnifique fête du commencement de **1815**, donnée dans les bâtiments de l'hôtel Frascati, sous les auspices de l'autorité locale, réunie aux sommités de toutes les classes de citoyens. Le Sous-Préfet en fut le promoteur et l'âme ; il s'y montra plein de charme et de distinction, conquérant sans effort tout le monde à son influence, tous les jours mieux comprise, tous les jours plus étendue, et qui lui inspirait alors le désir de se naturaliser Castrais autrement que par les liens temporaires d'une fonction administrative.

III

Le retour des Bourbons, en **1815**, appela M. Decazes à la préfecture du Tarn. Il y fut nommé le **12** juillet, c'est-à-dire au moment même de la plus grande intensité du mouvement réactionnaire. Lui seul, pouvait alors le diriger et l'empêcher ainsi de se perdre dans des tracasseries personnelles, ou dans des précautions vexatoires. Par ses rapports de l'année précédente avec Castres, par ceux qu'il allait se former avec les habitants d'Albi, sous le prestige d'une autorité nouvelle, il s'acquit bientôt un ascendant que son intelligence des affaires, son amour du travail, son talent pour manier les hommes, ne pouvaient que développer de jour en jour. Aussi sa position se consolida-t-elle bien vite, de manière à imprimer à l'administration un caractère pratique propre à la tenir en dehors d'une politique envahissante ou pleine

de préjugés. « En ce temps-là, écrivait-il plus tard,
le personnel du conseil général était choisi pour qu'il
fût fort et non pour qu'il fût commode à l'administration. Il était fort, en effet, et par l'intelligence de
ses membres et par leur indépendance. Ils avaient les
préjugés du temps ; ces préjugés, attaqués inces-
samment, finissaient cependant par céder ; leur im-
partialité remplaçait avec avantage l'intérêt local qui
fait des conseils généraux actuels, une collection
d'avocats adverses plutôt qu'une réunion de juges. »

Cette manière de voir le servit à merveille, lorsqu'après la fameuse ordonnance du 5 septembre 1816,
il eut à faire comprendre autour de lui, l'esprit et
la portée d'un mouvement politique qui tendait à
inaugurer le gouvernement des classes moyennes et
à le substituer, par transaction, à celui d'un parti.
Contre cette tentative, le royalisme local se posa
presque partout à l'état d'opposition ; élections, jour-
naux, intrigues de cour, il mit tout en usage pour
combattre l'homme du pouvoir, que le Roi soutenait
de sa confiance et de son affection. C'était M. le
comte Decazes, nommé ministre de l'intérieur, et par
conséquent ayant à faire passer dans l'esprit de tous
les préfets de France, ses idées de pacification et de
régénération sociale. Si quelqu'un le comprit alors,
suivant la largeur de ses vues, suivant la générosité
de ses intentions, suivant son désir de lancer la
France dans le vaste champ du progrès, sans lui faire
courir les chances d'une révolution nouvelle, ce fut
assurément son jeune frère. Ses actes d'administra-

tion, pendant cette première période, en sont la preuve. Aucune grande mesure de moralisation, d'instruction ou de bien-être, pouvant intéresser le département du Tarn, ne le trouva indifférent; il s'appliqua, par tous les moyens en son pouvoir, à la rendre pratique et d'un résultat immédiat. Témoin ce qui fut entrepris à cette époque pour la réorganisation de l'instruction primaire, pour l'établissement des premières sociétés d'agriculture, pour la publication de livres utiles, pour l'amélioration du régime pénitentiaire, pour les travaux publics repris avec activité, et étendus aux besoins les plus justement appréciés des quatre arrondissements, dont l'ensemble, en se coordonnant, forme une des plus belles circonscriptions de la France départementale.

En tête de tous ces travaux, pour l'exécution desquels M. Decazes sollicitait soit l'initiative du pouvoir central, soit les ressources de l'administration locale, soit le concours de l'industrie privée ou formée en association, il est bon de rappeler le projet d'une dérivation des eaux du Tarn, de manière à faire servir leur surabondance à l'irrigation de la plaine d'Albi située sur la rive gauche, et à retomber dans le lit du ruisseau des Caussels, pour s'y échelonner et mettre en jeu, par des chutes successives, de nombreuses usines sur un parcours de plus de six kilomètres; projet gigantesque vu l'époque, projet réalisé sur un point par les établissements du Saut de Sabo, mais dont la réussite sous la Restauration, pouvait changer la face du département du Tarn, en créant dans sa partie supérieure et par correspondance avec Castres et Mazamet un centre industriel propre à étendre son influence sur toute la zone des environs de Toulouse.

Afin d'atteindre un but semblable, l'autorité dut alors se rapprocher de toute une classe d'hommes, qu'un moment de réaction avait écartés d'elle et qui représentaient plus spécialement les intérêts positifs de la Révolution de 1789, par une certaine influence personnelle ou par leur fortune. Toutefois, dans ce rapprochement, il fallait résister aux prétentions d'un libéralisme trop exigeant, si ce n'est même déjà suranné, à cause de l'action qu'exerçaient sur lui, par impulsion ou par résistance, les exagérés des divers partis. Le nouveau préfet du Tarn fut admirable dans l'accomplissement de cette tâche ; inspiré d'un côté et soutenu par un chef administratif dont personne ne pouvait contester les bienveillantes dispositions à son égard, utilisant d'un autre côté tous les avantages de l'alliance de famille qu'il venait de contracter avec une des maisons les plus éminentes, les plus honorables et à la fois les plus influentes du pays, fort d'ailleurs de sa supériorité intellectuelle, qui le rendait prépondérant de droit et de fait dans la direction de toute sorte d'affaires, il vit s'ouvrir devant lui, en l'assurant à ses administrés, un immense avenir de confiance réciproque, de transaction et de concours ; cela lui permit d'accomplir de grandes et bonnes choses et d'attirer sur lui l'attention du Roi, lequel voulant lui donner de l'avancement et pro-

duire ses talents sur un plus vaste théâtre, le nomma
le **22** février **1819**, préfet du Bas-Rhin. Mais, rendu
à ce nouveau poste, M. Decazes ne cessa de solliciter
son retour à celui d'Albi, quoique d'un degré infé,
rieur, afin d'y reprendre l'exécution de tout un système d'améliorations administratives, que lui et ses
nombreux successeurs depuis **1830**, n'ont eu qu'à
développer. Toutefois, comme dédommagement, il
reçut le titre de maître de requêtes, de vicomte et
d'officier de la Légion d'honneur, après avoir été
fait baron lors de la rentrée du Roi, en même temps
que M. le marquis d'Aragon son beau-père, fut nommé pair de France. .

Ce n'est pas qu'il n'eût eu à traverser déjà des circonstances difficiles. Ainsi, en **1817**, il s'était trouvé
face à face avec une émeute causée par la cherté des
grains dans la ville de Castres. L'ordre s'en trouva
compromis. La force publique de la localité se montrait insuffisante ou irrésolue, si ce n'est même hostile
à toute répression. La garde nationale, formée dans
un sens trop politique deux ans auparavant, laissait
craindre qu'elle ne fît cause commune avec les pertur-
bateurs, si l'on pouvait appeler ainsi des ouvriers, des
femmes, des enfants, qui demandaient du pain à la
porte d'ateliers en chômage et devant des greniers
vides.

M. Decazes n'hésita pas un moment. Il se rendit
sur les lieux à la tête de douze gendarmes : il fit or-
donner de battre le rappel, se présenta aux compa-
gnies les plus suspectes par leur connivence ou leur

mauvais vouloir ; il les harangua d'une manière décidée, et, une liste de noms à la main, il fit sortir des rangs un certain nombre d'individus qu'il força à déposer leurs armes. Le calme se rétablit. Toutefois, dès le lendemain, le préfet organisa lui-même, avec le concours des dames de la ville, et dans d'immenses proportions, tout un système de secours, qui ne manquèrent pas un seul instant, et dont la population castraise a conservé longtemps le précieux souvenir.

Après de pareils actes, suivis d'une approbation unanime, la carrière préfectorale de M. Decazes se trouvait pour ainsi dire garantie contre les ébranlements de la politique. Aussi malgré ses rapports intimes plutôt qu'officiels avec le ministre de l'intérieur, renversé en **1820**, à grand renfort des haines les plus vives et sous la pression des injustices les plus méchamment excitées ; quoi qu'il se fit honneur de la protection immédiate de Louis XVIII, mort quatre ans après, en pleine réaction absolutiste et contre-révolutionnaire ; en dépit d'un grand nombre de mécontents, ou froissés dans leurs petites ambitions, ou contrariés dans leurs intérêts égoïstes, ou combattus plusieurs fois sur le terrain si brûlant, si mobile, si glissant de l'élection, il resta inébranlable à son poste, jusqu'au jour où il en fut emporté par la révolution du mois de juillet **1830**. Deux ans auparavant il avait été nommé conseiller d'état en service extraordinaire.

Ces quinze années d'administration mériteraient d'être étudiées en détail. Elles apporteraient avec elles la preuve de ce que peut un préfet, lorsqu'ayant quelque avenir devant lui, incorporé à une circonscription déterminée par les liens de la famille, et par des relations avec de nombreux amis, pouvant, avec l'aide du temps, connaître et apprécier les hommes comme les choses, il lui est permis de se faire un plan, de le suivre, de l'exécuter, suivant les objets multiples que comporte le progrès moral, intellectuel et physique d'un département français. Toujours peut-on ajouter ici ce qu'on trouve consigné dans l'histoire administrative de cette époque : « Nous devons au reste, dit la *Biographie des hommes vivants*, à M. Decazes-Delisle la justice de dire qu'il est un des préfets de France qui remplissent leurs fonctions de la manière la plus consciencieuse et que le département du Tarn est heureux sous son administration. »

IV

A ce témoignage de l'histoire on peut joindre celui de toutes les personnes qui, de près ou de loin, entretenaient des rapports avec la famille Decazes ; déjà nombreuse, distinguée par son caractère d'aimable sociabilité, toujours prête à rendre service, elle groupait autour d'elle, sans acception de culte, de naissance, sans morgue aristocratique, ni exclusion politique les sommités diverses du département ; ses membres étaient à la fois vénérés et populaires. M. le marquis et Mme la marquise d'Aragon représentaient, à un haut degré, ces manières de bon ton, cette obligeance désintéressée, cette fleur d'une exquise éducation que possédait particulièrement l'élite des anciennes classes de la société française. Les étrangers eux-mêmes rendaient hommage à ces éminentes qualités. Tout en parlait autour d'eux, surtout après la splendide hospitalité, offerte aux nombreux visiteurs de la ville d'Albi à l'occasion du fameux procès Fualdès. Cet évènement devint le point de départ des réunions choisies, pleines d'épanchements, cordiales et animées qui se perpétuèrent à la préfecture du Tarn, pendant tout le temps de la restauration et dont le souvenir n'est pas encore perdu.

Les enfants et le gendre de M. le Marquis et Mme la Marquise d'Aragon, ajoutaient encore à cette charmante position, en prenant à leur compte l'exercice d'une charité de tous les jours et à l'égard de toute espèce de besoins ou de misères. Ils se multipliaient au gré des sollicitations, et par des moyens tels, que la reconnaissance de toute une génération d'obligés devait survivre à leur autorité officielle, et leur conserver des amis dévoués au lendemain de la disgrâce.

Cette disgrâce les atteignit après les évènements de juillet 1830. M. Decazes était encore dans toute la force de l'âge, de l'intelligence et de l'activité ; rejeté momentanément dans les rangs du parti légitimiste, qui le prit pour chef, lors des premières élections, il ne tarda pas à se rallier franchement au gouvernement de Louis-Philippe. Après avoir refusé de reprendre, à la demande de Casimir Périer, ses fonctions de préfet dans un département de première classe; après s'être vu, plus tard, sur le point d'être nommé au gouvernement civil de l'Algérie, lorsqu'il fut question d'en amoindrir la tendance trop exclusivement militaire, il ne négligea rien pour remplir avec intelligence et dignité son rôle de député du Tarn ou de l'Aveyron, mais en joignant à ses votes la science de l'administration, par laquelle il sut se rendre un des membres les plus utiles de la Chambre législative. Eloigné de la tribune par le fait seul de la faiblesse de sa voix, admirable dans la discussion du tête-à-tête, saisissant vite toutes les faces d'une question, les formulant aisément en dispositions pratiques, n'en laissant aucune sans solution, les expliquant toujours avec une netteté parfaite, se montrant d'une assiduité exemplaire aux séances publiques et aux travaux des commissions, il prit ainsi et sut garder pendant dix ans le rôle d'un *véritable conseiller législatif*, sans jamais oublier ses devoirs d'homme politique. Ces devoirs il les comprenait de la manière la plus large. En veut-on avoir une idée? Qu'on lise la lettre suivante, prise au hasard parmi une centaine d'autres; il l'écrivait le 8 avril 1855 :

« Votre souvenir d'une conversation électorale de 1830, et tout ce que vous voulez bien me dire de relatif à mes bonnes intentions est d'une parfaite obligeance. J'ai la conscience que je mérite en effet cette opinion de gens de biens et de capacité. Mes quinze ans de préfecture se sont passés dans la préoccupation d'être utile au pays dont l'administration m'était conférée. Vous auriez souhaité pour moi, vous souhaitez pour tous les préfets en général une non-intervention complète dans les élections. N'est-ce pas une utopie? L'attribut principal de toutes les existences c'est la résistance à l'anéantissement. Comment concevoir que le pouvoir attaqué ne se défende pas? Le résultat de la lutte ne serait-il pas mensonger, comme l'expression des forces réciproques, si la défense n'avait pas les mêmes armes que l'attaque? La question là est autant, sinon plus, dans la forme que dans le fonds; et peut-être faudrait-il se contenter d'exiger que l'action gouvernementale fût ouverte, franche et loyale.

» Je n'en ai pas usé autrement. J'ai recommandé mes candidats sans attaquer ceux de l'opposition; et l'exclusion que je donnais par devoir à ceux-ci n'était point un obstacle aux relations les plus amicales. Vous finissiez vos soirées à la préfecture en formant des réunions où vous aviez combiné vos moyens pour M. de F... ou M. D...; et quoique les instructions supérieures ou leur traduction par les autorités subordonnées aient pu avoir quelque chose de menaçant, jamais ici, depuis la réorganisation générale qui a accompagné la seconde restauration, un fonctionnaire n'a été privé de son emploi pour cause de vote quelconque.

» Quand, en 1830, je disais aux hommes sages d'un parti : Prenez garde! notre position est telle que nous courons le risque d'aller beaucoup plus

loin que vous ne voulez, n'était-ce pas un avertisse-
ment légitime? En admettant, leur disais-je, que le
pouvoir soit en mauvaise voie, il convient de faire ce
qu'il faut pour l'en retirer et non pour l'y pousser
plus avant. Le patriotisme éclairé a pour mission,
dans de tels moments, d'éviter de faire des fautes,
plutôt que de les reprocher. Etait-ce se tromper que
de voir à l'avance l'amour-propre blessé se jeter aux
abîmes, et n'était-il pas permis de montrer dans l'a-
venir plus qu'une quasi-révolution?

» Impossible en fait (et remarquez bien que le
fait finit en telle matière par être le droit, parce
que la persistance prouve une relation nécessaire) que
le pouvoir puisse rester spectateur impassible aux
luttes politiques tant qu'elles sont vitales pour lui et
pour nous. Vienne le temps où elles se renfermeront
dans une autre arène, véritable lice de tournois,
ainsi qu'en présentait l'exemple l'Angleterre avant
ces dernières années; alors prince et ministres pour-
ront rester indifférents. Mais à quand, s'il vous plaît
ce temps!

» Les administrateurs n'ayant qu'à administrer seraient trop heureux ; ils seraient trop heureux tels
que vous les concevez, exerçant une haute influence
sur les progrès moraux, intellectuels et physiques
d'un pays ; mais êtes-vous bien sûr que cela aussi ne
serait pas un beau rêve? Les hommes capables d'avoir
cette grande action sur les populations ne se trouvent
pas par centaines. Les trouvassiez-vous? Les secours,
les collaborateurs leur manqueraient ; et, pardessus

tout, l'organisation de cette puissance destinée à produire tant de bien, et rien que du bien, serait préalablement incompatible avec nos autres institutions; certainement elle le serait avec nos prétentions, nos jalousies, notre opposition à toute supériorité.

» Celui qui n'en a pas fait l'expérience ne saurait se faire une idée juste des difficultés qu'on rencontre en intervenant par les améliorations les plus prudemment entreprises. Les obstacles surgissent de toutes parts. Ce ne serait pas trop d'une dictature pour les surmonter; et où la placer? Le conseiller municipal, le maire, le sous-préfet, le préfet, le ministre, et peut-être le prince l'ambitionneraient également. Cependant le plein pouvoir ne pourrait être partout.

» La morale de tout cela : c'est qu'au noble désir de la perfectibilité, du progrès, il est juste et sage de joindre de l'indulgence et même un peu de considération pour la pauvre et médiocre réalité qui, après tout, est le plus souvent le mieux ou le moins mal possible, et n'est pas sans quelques droits mérités à un attachement raisonnable de notre part. »

Voilà le style et voilà l'homme, comme aurait dit Buffon; voilà, peut-on ajouter, l'esprit mathématique, la raison sûre, l'expérience positive, et en même temps la finesse des aperçus, qui distinguaient M. Decazes dans sa conversation comme dans sa correspondance. De part et d'autre il se montrait toujours exact, toujours bienveillant; qualités devenues

bien rares à mesure que l'on a voulu tout savoir
sans rien apprendre et que l'on a cherché à rempla-
cer le fonds de l'instruction par un parlage ne s'ar_
rêtant qu'à la surface des choses.

M. Decazes s'apercevait déjà du danger imminent
de ce mouvement lorsque, après avoir passé sept
ans dans la politique de conservation, il s'exprimait
ainsi sur la situation des choses le 2 juin 1847 :

« Me voilà regardant de tous les yeux du corps et
de l'esprit pour voir surgir l'affermissement du pouvoir qui lui permettra d'être lui-même, c'est-à-dire
de marcher à une allure qui soit la sienne. — Ver-
rons-nous cela ? Où bien sommes-nous destinés à
n'être jamais témoins que de ces luttes dans lesquel-
les on ne sait qui reste le plus faible du vainqueur ou
du vaincu ? Si je répondais à ma question je crain-
drais de porter malheur à l'avenir. — J'ai bien peur
en effet que notre forme de gouvernement, si bonne
pour arrêter, ne donne autant de force pour empêcher le bien que pour empêcher le mal. Ce n'est pas
l'organisation qui va toujours fondant et assolidant,
c'est la critique ébranlant toujours, ébranlant pour
ébranler sinon pour détruire, que nous avons
fondée. On le dirait du moins à l'aspect de cette nuée
d'assaillants, qu'on croirait une meute se précipi-
tant à la curée, à l'aspect aussi du gouvernement ne
pouvant s'occuper que de faire face à ses adversaires
et de maintenir des amis peu sûrs, que sa longévité
fatigue et qui visent à quelque portion de son héri-
tage. — Vous êtes vous aussi au poste d'observation ;

qu'y voyez-vous ? que se passe-t-il autour de vous?... »

Cette interrogation directe, cette interpellation précise, s'adressait à un homme peu édifié depuis quelque temps sur la vertu prétendue d'un *libéralisme* de négation et de déplacement. Cet homme aimait par-dessus tout le pouvoir par en haut, mais avec la condition qu'il fût moral, intelligent et populaire ; pour lui le progrès consistait alors comme aujourd'hui dans l'accord harmonique de l'autorité et de la liberté , se prêtant un mutuel appui, conciliant par des actes de chaque jour la tradition du passé , avec les espérances de l'avenir , sur le terrain pacifique des intérêts présents ; tous ses rapports avec M. Decazes , n'avaient pas eu d'autre principe. Aussi s'empressa-t-il de répondre , pour en presser les conséquences , en les appliquant aux circonstances du moment , et pour soutenir que le pouvoir avait tout à se reprocher quand la confiance , si ce n'est l'acclamation des masses lui faisait défaut. Il soutenait surtout que le caractère d'un bon gouvernement doit se manifester toujours par celui d'une bonne administration.

C'est sur ce terrain que M. Decazes , s'empressa de transporter la question , en la traitant comme suit , le 15 août 1847 , c'est-à-dire quelques mois avant que les évènements de 1848, fussent venus la trancher de la manière la plus violente :

« J'ai peur que vous ne croyez trop au *pouvoir.* — N'est-ce pas son *nom* qui vous fait illusion ? Je ne

dis pas la tâche impossible ; mais qu'elle est difficile !
Je pense souvent à cette situation , comme le voya-
geur aux contrées qu'il a parcourues ; et quand je
me demande ce que je ferais ici ou là , je ne trouve
que des réponses dont la réalisation exigerait des
années d'une vie administrative, exercée en liberté.
— Ne faut-il pas commencer par connaître et être
connu? Ne faut-il pas aborder toutes les questions ,
tous les intérêts, à grand renfort de conseils et d'ap-
puis? Ne faut-il pas être le représentant de la sagesse
publique , du patriotisme général et particulier, le
promoteur des idées fécondes , d'abord présentées à
l'adoption des esprits généreux et progressifs? N'est-
ce pas à ce prix qu'on peut acquérir une juste influence et voir ainsi la confiance s'attacher à vous?
Mais comment trouver d'abord le loisir de ces soins
qui devraient être intelligents, délicats , assidus?
Comment, dans ces parcours autour des hommes et
des choses , ne pas se heurter à la politique bonne
ou mauvaise , aux passions , aux intérêts, aux prétentions , aux amour-propres? — Tenez, soyez certain, que le *métier* ne va pas tout seul. — Certainement le travail statistique que vous allez faire est
œuvre de *vrai sous-préfet*, et vous en avez déjà beaucoup faits qui ont le même caractère. Ceci m'amène-
rait naturellement à examiner quelles qualités sont
nécessaires à un sous-préfet. J'y songe , vous le pen-
sez bien , au moins depuis que je suis responsable
de l'administration de Montmorillon (M. Elie Decazes
son fils venait d'être appelé à la sous-préfecture de
cet arrondissement.) Eh bien ! tout ce que je vous en

dirai, quant à présent, c'est-à-dire ce que j'appellerais qualités, il me revient que d'après d'autres, qui croient sans doute avoir raison, ce sont des défauts. Etes-vous investigateur? pendant que je dirai : tant mieux! nous apprendrons ce que nous devons savoir, une autre opinion préfectorale répondra : tant pis! Votre esprit travaille-t-il, cherche-t-il le perfectionnement? Est-il organisateur? Pendant que j'applaudis, je vois au-dessus d'un habit brodé comme celui que j'ai porté, une physionomie inquiète, un sourcil froncé, et j'entends s'échapper l'épithète de *faiseur*, et *faiseur* veut dire qu'un collaborateur vous fait venir des affaires, alors que vous vous en trouvez déjà trop. Pour bien des administrateurs les affaires sont des ennemis. Ils voient cela tout juste comme les bureaux, — il faudrait les chercher, les appeler au contraire, comme la justice recherche les fautes à juger, comme un marchand recherche les besoins à satisfaire. L'étendue de l'administration n'est-elle pas proportionnée à la manifestation de son utilité? — Mais ne nous laissons pas aller à l'utopie. N'oublions pas que le pauvre administrateur tiraillé par le *métier* proprement dit, est plus qu'excusable quand il perd de vue la théorie qui s'envole aux astres. Il devient homme de transmissions, de circulaires, de réglements de budgets et de comptes, de tournées de recrutement et d'audiences, de tracasseries de clocher ; puis un peu de distraction après le *ouff* de ces travaux ; et enfin le boire, le manger, le dormir, la vie n'est-elle pas ainsi remplie à pleins bords ? «

V

La carrière politique de M. Decazes s'arrêta à la suite des élections de 1846. Un de ses plus proches parents fut nommé député à sa place, ce fut l'effet d'une de ces tristes conditions du gouvernement parlementaire, qui éparpillait déjà ses forces dans le champ des ambitions personnelles, en attendant que le vent de la tempête populaire l'eût renversé de la manière la plus inopinée pour quelques-uns, la plus prévue pour certains autres, en février 1848.

M. Decazes rendu à la vie privée, tourna ses idées vers toutes les questions d'économie sociale, agricole ou administrative, dont l'à-propos ou l'importance surgirent bientôt de tous côtés. Aucune ne le trouva indifférent. Devenu, par un coup de suffrage universel, membre du conseil général du Tarn, mais presque aussitôt se faisant de lui-même fondateur du comice agricole d'Albi, dont il fut le premier président, organisateur, lors du concours de 1859, d'une philanthropique exposition d'horticulture, aimant par goût les champs, les constructions, et, dans une certaine mesure, les procédés industriels, appliqués à la production territoriale, il trouvait là le moyen d'occuper et d'utiliser ses dernières années. De nombreuses relations, jamais interrompues, si ce n'est par la mort d'une très-grande partie de ses contemporains, étaient l'aliment de cette existence si multiple par la pensée du bien public qui l'entretenait, si douce par les affections dont elle était entourée, si utile encore par les bons conseils qu'elle faisait rayonner autour d'elle ; ces conseils nous aimions à les solliciter, nous, les amis désintéressés d'un pays que M. Decazes avait toujours servi avec tant de zèle, tant d'intelligence, tant d'efficacité.

Voici en effet quelques-unes de ses vues, sur divers sujets de politique ou d'administration. Elles sont anciennes de date, mais elles sont opportunes parce qu'elles se rattachent à des questions non encore résolues.

Instruction publique : « Un bon collége communal serait un des meilleurs moyens pour effacer des distinctions mal fondées et faire disparaître des divisions qui font vieillir tout intérêt de position... Prévenir le déclassement désordonné, et, comme moyen, élever les classes en les rapprochant ainsi, leur donnant une valeur de plus en plus égale en les laissant *différentes ;* voilà ce que j'entrevois comme possible avec le concours des hommes comme vous et que je souhaite à mon pays. Localiser l'instruction des masses, a, entr'autres avantages, celui d'être un bon moyen d'instruction, un moyen de bonne instruction ; c'en est un aussi de *patriotiser* utilement et réellement les générations qui s'élèvent, de les attacher à leur sol, qui en vaudra un autre, et mieux qu'un autre pour celui qui s'y affectionnera... Notre pauvre instruction publique, que de chemin a-t-elle à faire? Il faudrait d'abord qu'on osât reculer beaucoup pour avoir un bon point de départ. Dans un siècle tout positif, l'instruction des colléges porte presque en totalité sur des objets sans utilité directe. De l'exception on a fait la règle. Le triste, c'est que pour faire autrement les ressources manquent. Le corps universitaire ne sait à peu près que le grec et le latin, que peut-être il sait mal, à en juger par le peu de résultat de son enseignement ; les connaissances physiques, mathématiques, naturelles, les langues vivantes, préalables outils sociaux, véhicules de prospérité, de civilisation, d'industrie, etc., y sont en faible, très-faible minorité. »

L'Ecole de Sorèze : « Pourquoi le succès de Sorèze et pourquoi son déclin et sa chute? Pourquoi cette confraternité et ce souvenir de cœur que sont loin de conserver les élèves des autres écoles pour la studieuse retraite de leur enfance et de leur première jeunesse? — Ce n'est pas de la reconnaissance pour l'instruction acquise que cet attachement dérive. Les études n'ont pas laissé une réputation de force, et j'ai vu plus d'un père de famille, s'épanouissant au souvenir de Sorèze, convenir *tout bas* qu'il n'y mettrait pas son fils. — Ce *charme secret* ne résiderait-il pas dans l'espèce de jeune franc-maçonnerie qui vous réunissait, qui faisait de vous et de vos maîtres une société à part, où l'enfant se sentait rapproché de ses aînés, le jeune homme honoré et aimé de ses maîtres, compté par eux pour quelque chose ; où les succès des uns étaient l'honneur de tous et la fortune de l'institution. — Quand Dom Despaulx admit les élèves *pas-latin,* il comprit les besoins de la société, mais ne devança-t-il pas trop les temps ? Ne supprima-t-il pas, sans remplacement suffisant, les épreuves de l'étude de la latinité avec ses durs labeurs? Je le crois, et je suis porté à croire en même temps que les latinistes devaient se ressentir du voisinage des *pas-latins* et que la conséquence de la mise précoce en pratique d'une idée vraie, a été nécessairement la fusion des deux catégories dans une sorte de terme moyen, faisant tendre les études plutôt vers la facilité que vers la précision et le nerf. — Sorèze s'est popularisé en étant tout à tous, s'offrant à chacun dans les conditions propres à chaque situation. Instruction libre, religion libre, libéralité de régime, de système et de sentiment. — Comment cela, si attrayant en soi, a-t-il cessé d'attirer les familles? Deux causes peut-être, l'une que le système qui pouvait bien avoir fait son temps a été, sinon abandonné, du moins rapproché très-sensiblement du mode universitaire, perdant par là presque toute sa spécialité : l'autre que dans la voie universitaire régulière, l'entreprise privée restait en infériorité vis-à-vis des collèges royaux. — C'est en balançant ces choses-là dans mon esprit, que je me demande si le moment n'était pas venu où Sorèze devait mourir... »

Enseignement d'ouvrières : « L'Etablissement de la Présentation, formé par Monseigneur l'Evêque et Mademoiselle de Barral sa sœur, n'a plus son but primitif. Mademoiselle de Villeneuve, fondatrice de l'OEuvre de l'Immaculée-Conception, ne s'est-elle pas emparée de cette spécialité? Il n'est pas bien sûr qu'une maison de charité puisse réussir aujourd'hui en se déclarant destinée à procurer la satisfaction de la très-modeste ambition de femme de chambre et d'ouvrière. Bien peu de femmes acceptent de bon gré l'inégalité sociale. J'aimerais assez la tendance aux habitudes patriarchales, qui faisaient les domestiques de la famille. Les pages étaient des serviteurs qui, obéissant, apprenaient à commander à leur tour. Cet usage en valait bien un autre. En Pologne, des demoiselles de très-bonne naissance élevaient comme femmes de chambre, des dames dont elles étaient destinées à devenir les égales en se mariant. Elles accompagnaient leurs maîtresses au bal et y étaient préférées souvent par les danseurs. — Aux Etats-Unis, toutes les femmes sont mises de la même manière ; en voyage, dans la rue paysannes, grisettes, dames, ont le même costume. N'y tendons-nous pas ? Voyez à Paris et même dans plusieurs des autres grandes villes. Les femmes de toutes les classes sont également mises comme les hommes. L'égalité entre de plus en plus dans les mœurs. Les élections sont de grandes *niveleuses*... Eh bien ! il faut que l'éducation suive ce mouvement ; mais l'éducation telle qu'il la faut pour tous, l'instruction d'une application utile dans tous les états, l'enseignement philosophique, moral et religieux nécessaire pour qu'un homme sente sa dignité, sa dignité réelle et sente ses devoirs. »

Agronomie et Fermes-Ecoles : « J'ai été frappé de l'étendue des connaissances agricoles de nos auteurs, mais aussi de leur manque de *foi* en la science agricole. Ce scepticisme perce partout. M. de Dombasle n'y était-il pas arrivé aussi? L'agriculture, ou plutôt l'agronomie, est un peu comme la vie. Elle commence par des illusions et finit plus gravement. Ce n'est pas dire qu'elle n'ait ni beauté ni bonté... Je suis bien de votre avis non-seulement sur l'importance de l'instruction agricole, mais sur la nécessité de la donner partout où se donne une instruction quelconque, dans les séminaires, dans les colléges, les écoles normales primaires de divers degrés ; et je ne demanderais pas mieux que de voir établir même des chaires d'agriculture dans les Facultés, si je me rendais suffisamment compte, ou plutôt dans la supposition qu'il se trouverait des professeurs se *rendant suffisamment compte* de l'agriculture comme *science*.

— Cette science se compose de nombre d'autres. Faudrait-il les enseigner toutes du haut de la chaire d'agriculture? La géologie, la minéralogie, l'art du fontainier, le nivellement et la levée des plans, l'architecture agricole, l'art vétérinaire dans ses généralités et dans celles de ses applications, qui peuvent être quelquefois les plus urgentes, la botanique, la zoologie en ce qui concerne les animaux utiles et aussi les animaux nuisibles, les moyens de juger, choisir, élever les uns, connaître et détruire les autres. — Les instruments d'agriculture et d'économie agricole; les principes de leur usage et par suite de leur forme ; les théories des fumiers, des amendements et des arrosements conclues des théories de la composition des terrains, de la nutrition des plantes, de la chimie agricole ; les procédés d'enlèvement, le transport, de préparation et de conservation des récoltes ; la tenue des livres appliquée spécialement aux exploitations agricoles ; les bois, les prés, les vignes, les patis, les labours, les vergers, les jardins, etc.... Je fais une énumération désordonnée et incomplète, mais qui vous prouvera toujours que la science agricole est à mes yeux une presque encyclopédie. — Ce n'est pas sans penser à l'agriculture que j'ai procuré au musée d'Albi et au grand séminaire, de belles collections minéralogiques et géologiques. C'est évidemment pour l'agriculture que j'ai travaillé et que je travaille encore (ceci était écrit en **1844**) à réunir à la préfecture une des collections d'instruments agricoles les plus complètes qui existent nulle part. — Maintenant, si j'avais le temps et les connaissances nécessaires, je voudrais faire un tableau synoptique de la science ou des sciences du parfait agriculteur, de *l'ingénieur agricole*, et ensuite solliciter du ministre compétent de faire rédiger ou bien un ouvrage élémentaire, ou bien une sorte de précis *nerveux*, qu'un professeur pourrait développer et qui serait la base d'examens, si l'on arrivait à en vouloir faire, pour *patenter*, excusez le mot, des conseillers, des ingénieurs de l'agriculture. — Cela me ramène à l'opinion que vous me savez disposé à adopter, savoir que les véritables fermes-modèles sont les vôtres ; elles vaudront toujours mieux, seront plus pratiquement conduites que celles que vous établirez dispendieusement sous une direction collective et désintéressée. — Voyez ! il vous faudrait un directeur à **2,500** francs ; seul il absorberait ainsi le revenu

net d'un capital en terre de **80,000** ; cela double déjà
votre prix de ferme. — Supposons cet homme à votre
disposition, supposons trouvé l'homme capable, n'ai-
meriez-vous pas mieux l'établir à Castres dans une
chaire de sciences et arts agricoles? Si bien moi.
Je ne fais nul doute qu'en faisant enseigner à tout
venant de la géologie applicable à la connaissance des
terres et des sous-sols, de la botanique et autres
branches d'histoire naturelle, de la physique pour la
météorologie particulièrement, de la chimie générale
et spécialement agricole, de l'architecture appliquée
aux constructions des fermes dans tous leurs détails,
de la tenue des livres, vous rendriez un bien autre
service aux propriétaires , qu'en leur donnant un
exemple que leur première pensée serait de ne pas
suivre. — Ce qui manque aux propriétaires pour
bien cultiver, c'est la science qui peut diriger et
éclairer la pratique. La plupart de nous n'avons pas
même de thermomètre et de baromètre ; pour des
pyromètres, je ne voudrais pas répondre qu'il y en
eût quatre dans tout le département, et bien moins
encore des électromètres. — Combien ne voyez-vous
pas de propriétaires chercher de la marne là où la
géologie leur dirait qu'il ne peut y en avoir; d'autres
ne pas la reconnaître là où elle est sous leurs yeux?
Combien y en a-t-il *qui ont fait leur rhétorique* et qui
ne sont pas en état d'essayer une pierre pour juger
si elle est ou non calcaire? Combien ne savent pas
se rendre compte de la poussée des terres contre un
mur de terrasse qu'ils veulent bâtir, de l'assemblage

et du système d'une ferme pour la toiture de leur grange? Combien n'ont nulle notion des causes des sources? Combien n'ont pas la première idée de l'art vétérinaire et des opérations ou remèdes que personne ne devrait ignorer pour des cas ordinaires comme l'empoisonnement, la piqûre des animaux nuisibles, la morsure des animaux enragés, la tympanite, etc.

« Eh bien ! Je voudrais qu'un cours d'agriculture à Castres, à Albi, à Lavaur, à Gaillac, enseignât toutes ces choses. Je voudrais qu'elles fussent enseignées en élément dans les écoles primaires supérieures, et plus élémentairement encore dans les écoles primaires communales Je voudrais que de petits livres, bien à bon marché, fussent porter ces connaissances à ceux qui ne peuvent pas suivre les écoles, et j'aimerais même que le clergé catholique ou protestant ne fît pas fi de cette sorte d'étude. — Mon opinion est si arrêtée sur l'utilité de l'institution que, si j'étais à portée, je me ferais un plaisir, un honneur d'y prendre part; et s'il se trouvait quelque chose que je fusse en état d'enseigner, d'en donner leçon, voire aux petits enfants, mais surtout aux jeunes gens en âge de bien comprendre et d'appliquer. — Mais, n'en déplaise à l'Université, l'étude des mots absorbe tout. Que de temps employé à faire du grec et du latin pour une population destinée aux occupations communales, industrielles, agricoles, à la profession des armes! Les mots, sans doute, sont les véhicules des idées, mais les faits en sont la source. »

VI

Les citations précédentes suffiront pour faire comprendre avec quel empressement, avec quelle confiance, avec quels avantages, des hommes cherchant à s'instruire, venaient demander des conseils à **M. Decazes**. Ils ne le trouvaient en défaut d'appréciation sur presqu'aucune question d'intérêt public, en défaut de mémoire sur aucun des personnages d'une certaine renommée qu'il avait connus dans sa longue carrière. Tous admiraient cette force d'intelligence, cette solidité de jugement, cette promptitude de coup d'œil qui résistaient avec succès aux infirmités de la vieillesse. Combien de fois, en le quittant après de longues soirées où ils trouvaient le plus aimable des enseignements, ne se sont-ils pas dit : où est le secret de pareilles organisations devenant chaque jour plus rares ! Comment l'avenir parviendra-t-il à recouvrer cette virtualité puissante que la Révolution française avait léguée au premier Empire? Où se cachent les restes d'une génération pleine de savoir et de patriotisme, aimant par-dessus tout le travail et le devoir, et dont nous ne voyons que les derniers représentants? A travers quelles vicissitudes, quels essais malheureux, quelles prétentions abusives, ne faudrat-il pas chercher longtemps encore ces supériorités que produisait le plus souvent alors une éducation bien dirigée, s'appliquant à une carrière publique, ayant pour seules conditions l'étude, l'aptitude et le mérite personnel ; *éducation, étude, aptitude, mérite* *personnel*, ces derniers mots résument en effet tout ce qui vient d'être écrit ici au nom de Joseph-Léonard Decazes-Delisle, mort le 3 juillet 1868.

FIN.

Imprimerie de veuve Grillon, A. Terrisse et J. Fabre.